子どものための
アンガーマネジメント

いかりをほぐそう

稲田尚子
寺坂明子
下田芳幸 著

東京書籍

練習帳を使うみなさんへ

「"いかり"の気持ちはよくないもの。おこらないようにしなくちゃ」

みなさんは、そんなふうに思っていませんか？

いかりの気持ちは、だれの心の中にもあるもので、あなたの大事な気持ちのひとつです。ほかの人に言われたことや、されたことで、いかりの気持ちを感じたら、それはあなたにいやなことが起こっているというサインなのです。

いかりの気持ちは、いやなことから自分を守る力にもなりますが、ばくはつしてしまうこともあります。いかりは、じょうずにつきあうのがむずかしい気持ちなのです。自分のいかりのサインに気づいて、いかりをばくはつさせずに、おちついて自分の気持ちを相手に伝えることが大事です。

この練習帳には、正解はありません。まずは、あなたが自分の気持ちをわかることが大切なので、感じたり考えたりしたことをそのまま書いていきましょう。だれかといっしょに取り組んで、ほかの人の感じ方や相手への伝え方をきいてみるのもいいですよ。今日から、「アンガーマネジメント」という、いかりの気持ちをほぐしてじょうずにつきあう方法を学んでいきましょう。

保護者の方へ

　本書は、小学3年生から6年生の子どもを読者対象とした「アンガーマネジメント」の練習帳です。まずは、自分の気持ちに気づくことを大切にしています。そして、怒りの気持ちを柔らかくほぐしたり、できごとを別の視点で捉え直すことを学び、最後に、相手を尊重しながら自分の気持ちや意見を伝える方法を身につけることを目指しています。日常的な場面を題材にしながら、練習帳に書き込んだり、ロールプレイすることなどを通して、実践的に学べるような内容で構成しています。学んだ内容や工夫を日常生活に活かしていくための事例やキーワード、ヒントをたくさん盛り込んでいます。

　また、この練習帳は、怒りの気持ちをコントロールすることが難しいお子さんだけでなく、すべての子どもたちに"気持ちのレッスン"として使っていただけるように作成しました。この先、お子さんが成長して思春期に入ると、心身の発達的変化により、怒りをはじめとするさまざまな強い感情を体験しやすくなります。思春期よりも早い時期から、小学生が体験したりイメージしやすい"怒り"をテーマに、このような"気持ちのレッスン"をすることで、これから訪れる気持ちの荒波をうまく乗り越えていけるようにと願っています。

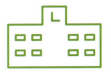

通常学級の担任の先生へ

　本書は、通常学級における教科外学習として、小学生が体験することが多く、トラブルにも発展しやすい"怒り"の気持ちとの付き合い方について、たくさんの児童たちに学んでほしいという思いから作成しました。主に小学3年生から6年生の児童を対象にしています。
　クラス全員で学び、発表し合うことで、目には見えない気持ちの感じ方は、人それぞれだということに気づくことができます。他児の怒りの気持ちをほぐす方法を聞いて、自分も取り入れようとする児童もいるでしょう。また、ある児童が休み時間に怒りの気持ちを爆発させそうな場面において、他の児童が「呼吸法だよ」などと学んだ内容を使って声かけをする光景も見られるでしょう。
　クラス全員が、怒りの気持ちをほぐす「アンガーマネジメント」について同じ内容を体系的に学んでいることで、自分の気持ちや気持ちとの付き合い方への理解が促進され、その後の学校生活に良い変化が起こることが期待されます。実際に本書で紹介している方法を取り入れてくださった先生方からは、「"気持ち"について話すことが増えた」という声がよく聞かれます。本書は、通常学級で使っていただくことで、その効果が最大化されるでしょう。

通級指導教室の先生へ

　"気持ちのコントロール"が支援の目標となる児童は少なくないと思います。本書は直接記入できる形式となっていますので、個別でも小グループでもお使いいただけます。生活の場面で起こった実際のできごととつなげ、ロールプレイなどを通して、理解やスキルの習得を促していただけたらと思います。学習した内容の定着を確認しながら、繰り返し使っていただくことが可能です。

　なお、在籍する通常学級でも実施していただけると理想的です。おもな生活の場である通常学級で、クラスメイトも一緒に「アンガーマネジメント」を学ぶことで、クラス全体の雰囲気が変わり、支援ニーズのある児童に対する他児童の対応も変わってくることが期待されます。その場合は、先に通常学級で実施し、通級指導教室では復習としてお使いいただくとよいでしょう。

　生活のさまざまな場面における「アンガーマネジメント」の実践を促すために、子どもが本書で学んだ内容や声かけの工夫などを、ご家庭と共有していただくことをお勧めします。

もくじ

練習帳を使うみなさんへ………… 2

保護者の方へ…………………… 3

通常学級の担任の先生へ……… 4

通級指導教室の先生へ………… 5

登場人物紹介…………………… 8

練習帳ダウンロード解説……… 10

いかりほぐし練習帳 ……… 11

1日目 Day 1 いろいろな気持ちに気づく …… 12

1 気持ちと顔の表情とのつながり ………… 14

2 気持ちを表す言葉………… 16

3 できごとと気持ち………… 17

4 最近のできごと…………… 18

まとめ……………………… 19

1日目の感想……………… 19

2日目 Day 2 いかりの気持ちに気づく ……………… 20

1 いかりの気持ちを表す「いかり言葉」………… 22

2 いかりを感じているときの体の変化………… 23

3 いかりの温度計………… 24

4 できごとといかりの温度…… 25

5 いかりを感じたできごと…… 26

まとめ……………………… 27

2日目の感想……………… 27

3日目 Day 3 いかりをほぐす …… 28

1 いかりをほぐす方法………… 30

2 いかりほぐし作戦を立ててみよう………… 33

3 いかりほぐし作戦をやってみよう ………… 34

まとめ……………………… 35

3日目の感想……………… 35

4日目 Day 4 別の考え方を見つける …………… 36

1 別の考え方に気づく………… 38

2 「本当にそうかな？」と考えてみる………… 39

3 別の考え方を
見つけてみよう ················ 40

まとめ ·· 43

4日目の感想 ······························ 43

5日目 Day 5 自分の気持ちや
考えを伝える ········ 44

1 気持ちや考えの伝え方には
3つのタイプがある ············ 46

2 3つの伝え方のちがい ········ 47

3 オダヤカーンの
伝え方のポイント ·············· 48

4 オダヤカーンになって
自分の気持ちを伝えよう ······ 49

まとめ ·· 51

5日目の感想 ······························ 51

いかりほぐし練習帳
ふりかえり ······························ 52

**自分の気持ちを表す
気持ち言葉集** ······················ 54

コラム

怒りは必要なの？ ···················· 56

感情調節の
レパートリーを増やそう ········ 56

**いかりほぐし練習帳
解説編** ·································· 57

ご家庭や学校での
練習帳の使い方 ···················· 58

日常生活で
活用するためのキーワード ······ 58

練習帳の構成 ······························ 60

1日目
いろいろな気持ちに気づく ······ 62

2日目
いかりの気持ちに気づく ········ 64

3日目
いかりをほぐす ······················ 66

4日目
別の考え方を見つける ············ 68

5日目
自分の気持ちや考えを伝える ··· 70

練習帳を用いた
学校での授業の進め方 ··········· 72

授業実施の際の工夫点 ··········· 73

学習指導案 ································ 74

おわりに ···································· 79

登場人物紹介

気持ちや考えの伝え方には、3つのタイプがあるよ。それぞれのタイプは、ドカーン、ダマール、オダヤカーンという3つのキャラクターとしてこの本に登場するよ。

ドカーン

おこると大きな声でどなったり、相手をこうげきし、ものを投げたり人をたたいたりすることもある、ばくはつタイプ。

ダマール

おこったり、「いやだな」と感じても「きらわれるんじゃないか」と思って自分の気持ちや考えをがまんして言わない性格。

オダヤカーン

こうげきしたり、がまんしたりしないで、自分の気持ちや考えを人に伝えることができるおだやかなキャラクター。

この練習帳を使うみんなと同じように学校生活を送っている5人の子どもたちも登場するよ。この5人とドカーン、ダマール、オダヤカーンといっしょに、いかりをほぐして自分の気持ちをじょうずに伝える方法を、5日間で1日ごとにテーマを分けて身につけていこう。

練習帳のページはダウンロードできます

　下の二次元コードから、本書の「いかりほぐし練習帳」（11〜53ページ）と「自分の気持ちを表す気持ち言葉集」（54〜55ページ）をダウンロードするためのWEBサイトにアクセスできます。学校の授業で使用される際には、ダウンロードした練習ページをプリントアウトしてお使いいただけます。また、ご家庭で繰り返し取り組んでいただくこともできます。

https://www.tokyo-shoseki.co.jp/books/downloadpage/ikarihogushi/

↑左の二次元コードから、ここにアクセスできます！

　二次元コードは、読み取り専用アプリはもちろんのこと、皆さんのスマートフォンに入っている定番アプリでも読み込むことができます。

　国産メーカーのAndroid9以降のスマホであれば、Googleレンズを使わずに、標準のカメラで二次元コードを読み取れる機能が搭載されている機種がほとんどです。

　iPhoneとiPadも、iOS11から、標準カメラを使って二次元コードが読み取れます。また、コントロールセンターにコードスキャナーを追加して読み取ることもできます。二次元コードが読み取られると、画面上に読み取り結果が表示され、こゝをタップするとWEBブラウザが起動してWEBページが表示されます。

練習帳のページをダウンロードしてプリントアウトすれば繰り返し取り組むことができるよ！

もし読み取りができない場合は？

　Androidの場合、標準カメラで二次元コードを読み取れるのはAndroid 9以降、iPhoneの場合はiOS11以降になります。それ以前のバージョンの場合は、最新バージョンにアップデートしましょう。ホーム画面から、［設定］＞［システム］、［システムアップデート］の順に選択することで更新できます。また、二次元コードの読み取り設定がオフになっている可能性もあるので、確認してください。

　また、上記リンク先のURLを直接パソコンやスマートフォンのアドレスバーや検索欄に入力することで検索できます。

いかりほぐし練習帳

5日間でアンガーマネジメントの練習をするよ。イラストやマンガがいっぱいで、楽しく取り組むことができるよ。

サポートする大人の方へ

いかりほぐし練習帳のページは、ダウンロードしてご家庭や学校で繰り返し使ったり、授業で活用することができます。ダウンロードの方法は10ページをご参照ください。
子どもと練習帳に取り組む際は、「"いかりほぐし"をやるよ」というような声がけをするとよいでしょう。

1日目 Day 1
いろいろな気持ちに気づく

アンガーマネジメントへの導入として、よろこび、悲しみ、いかりなどのいろいろな気持ちを知り、その気持ちに気づいたり言葉で表現する練習をしましょう。

1 気持ちと顔の表情とのつながり

1日目 / Day 1

❶ 気持ちが顔に表れたものを、表情というよ。次のイラストア〜エの表情は、どんな気持ちを表しているかな？ それぞれのイラストの下に書いてみよう。

ア

イ

ウ

エ

❷顔の部分（目、まゆ、口など）に注目すると、気持ちによって表情はどんなふうにちがうかな？　下の**イウエ**のイラストについて、**ア**の例を参考にしながら、それぞれ特徴を書きこんでね。

	ア（例）	**イ**	**ウ**	**エ**
目	大きく開いている			
まゆ	上がっている			
口	あいている			
そのほか	目とまゆがはなれている			

2 気持ちを表す言葉

　人にはいろいろな気持ちがあって、言葉でも表すことができるよ。どんな気持ちを感じたことがあるかな？　気持ちの種類ごとに「気持ち言葉」を思いつくだけ書いてみよう。

うれしい

**よろこび
楽しみ**

心配

ふあん

むかつく

いかり

悲しい

悲しみ

3 できごとと気持ち

　次のできごとを思いうかべて、感じた気持ちに合う表情（ひょうじょう）をつくってみよう。そして、かっこの中に気持ちを表す言葉をそれぞれ書いてね。どんな気持ちになるかは、人によってちがうんだ。

❶ 今日の宿題が多かった。
（　　　　　　　　　　）

❷ なかよしの友だちがひっこした。
（　　　　　　　　　　）

❸ 先生を「お母さん」と呼んでしまった。
（　　　　　　　　　　）

❹ 昼休みに友だちとドッジボールをした。
（　　　　　　　　　　）

気持ち言葉の例

楽しい	ウキウキ	ワクワク	うれしい	こまった
ドキドキ	モヤモヤ	はずかしい	さみしい	悲しい
つらい	がっかり	イライラ	プンプン	くやしい　びっくり

4 最近のできごと

最近のいかりと楽しさを感じたできごとについて、それぞれ思い出して書いてみよう。

	いかりを感じたできごと	楽しさを感じたできごと
いつ？		
どこで？		
*(だれと？)		
何が起こった？		
どんな気持ちだった？		
*(その後どうした？)		

*(　　)の中については、あれば書いてね。

いろいろな気持ちに気づく まとめ

- 人にはいろいろな気持ちがあって、いかりも大事な気持ちだよ。
- 気持ちは、「表情(ひょうじょう)」といって顔に表れるし、言葉でも表すことができるよ。
- 同じできごとでも、感じ方は人によってちがうよ。

1日目の感想 (Day 1)

今日学んだことをふりかえって、気づいたこと、わかったこと、考えたことなどを、自由に書いてみてね。

いかりの気持ちに気づく

2日目 Day 2

　いかりの気持ちや、その気持ちを表す言葉をたくさん知り、いかりを感じているときに起こる体の変化や、いかりの強さ（レベル）に気づけるようになりましょう。

2日目 Day 2

1 いかりの気持ちを表す「いかり言葉」

1日目に、気持ち言葉はいろいろあることを学んだね。今日は、いかりを表す「いかり言葉」をたくさん考えてみよう。今までに感じたり、使ったことがある「いかり言葉」に〇をつけてね。ほかにも思いついたら、「そのほか」に書いてみよう。

おこる　　イライラする　　はらが立つ

ムッとする　　頭にくる　　いきどおる

うざい　　げきどする　　いかりがこみあげる

キレる　　いかりがばくはつする　　カッとなる

　　ムカムカする　　むしゃくしゃする

　　カンカンになる　　はらだたしい

　　ブチギレる　　そのほか（　　　　　　）

「いかり言葉」をたくさん知っておくと、自分のいかりの気持ちにじょうずに気づくことができるよ。

2 いかりを感じているときの体の変化

　いかりを感じているとき、どのような変化が体に起こっているかな？あてはまるものに〇をつけてみよう。ほかにもあったら、あいているところに書いてね。また、体の変化について色で表してみよう。どんな変化が起こるかは人によってちがうよ。

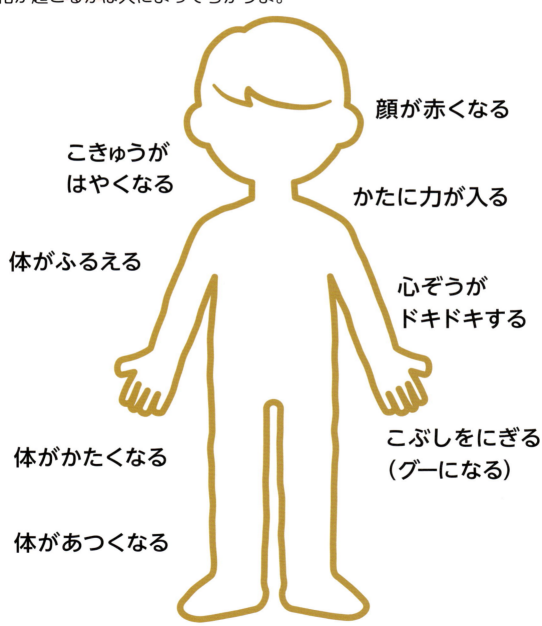

- 顔が赤くなる
- こきゅうがはやくなる
- かたに力が入る
- 体がふるえる
- 心ぞうがドキドキする
- 体がかたくなる
- こぶしをにぎる（グーになる）
- 体があつくなる

3 いかりの温度計

　いかりには、弱いいかりから強いいかりまで、いろいろなレベルがあるよ。「いかりの温度計」を使うと、自分のいかりのレベルに気づくことができるんだ。

　5つのいかりの温度と合っていると思う顔の表情を選んで線で結んでみよう。そして、その温度と表情にぴったりのいかり言葉を選んで線で結んでみてね。そのほかの言葉を書いてもいいよ。人によって選ぶ言葉はちがうよ。

顔の表情

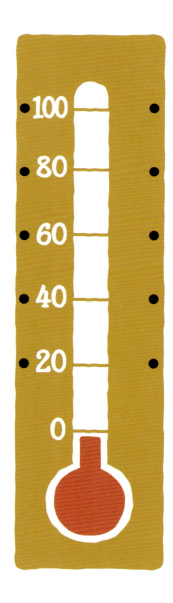

いかり言葉

- イライラする
- げきどする
- むかつく
- はらが立つ
- キレる

4 できごとといかりの温度

次のできごとを思い浮かべて、いかりの温度をはかってみよう。その温度まで温度計に好きな色をぬってみてね。

できごと①
手洗いの列にならんでいたら、ほかの子が割りこんできた。

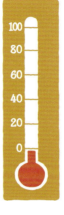

できごと②
となりの席の子に、自分の消しゴムを勝手に使われた。

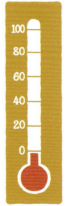

できごと③
大事にとっておいたおやつを、家族が勝手に食べた。

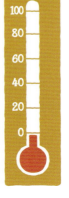

5 いかりを感じたできごと

最近いかりを感じたできごとについて、思い出して書いてみよう。

いつ？	
どこで？ *（だれと？）	
何が起こった？	
そのときの いかりの温度は？	度
どんな気持ちだった？ *（その後どうした？）	

*（　　　）の中については、あれば書いてね。

いかりの気持ちに気づく まとめ

- いかりは、自分に「いやなことが起こっていること」を教えてくれる大事な気持ちだよ。
- いかりを感じると、体に変化が起こるよ。
- いかり言葉には、いろいろな種類があって、それぞれいかりのレベルがちがうよ。
- いかりの温度計を使うと、いかりのレベルに気づきやすくなるよ。

2日目の感想 (Day 2)

今日学んだことをふりかえって、気づいたこと、わかったこと、考えたことなどを、自由に書いてみてね。

3日目 Day 3 いかりをほぐす

いかりの気持ちをほぐすための具体的な方法をいくつか紹介します。その中から自分に合う「いかりほぐし」の方法を選んだり、自分で方法を考えて、いかりの気持ちに気づいたら試してみましょう。

3日目 Day 1 いかりをほぐす方法

いかりの気持ちをほぐすための方法を紹介するよ。
これらの方法を試すことで、いかりから注意をそらすという効果もあるんだ。

① 6秒カウントダウン

6から1まで、ゆっくりカウントダウンすると、いかりのピークがすぎるよ。

② 10秒こきゅう法

自分のリズムで10まで数えながら、ゆっくりこきゅうをすると、いかりの気持ちがほぐれるよ。

やり方

①1〜3で、息をすって……
4で、ちょっと息を止めるよ。

②5〜10で、ゆっくり息をはくよ。

はじめのうちは、これを5回くらいくり返すといいよ！

③リラックス法

いかりを感じているとき、体はかたくなっているよ。リラックス法で体をほぐすと、いかりの気持ちもほぐれるよ。「かた」と「手」のリラックス法を紹介するね。

やり方（かた）

①両方のかたを、耳に近づけるつもりで、まっすぐ上に上げてね。いたくないところまで上げたら、そのまま5まで数えてね。

②ゆっくり力をぬいて、かたを下ろすよ。かたが下りたら、そのまま、今度は10まで数えてね。

やり方（手）

①両手に力をこめて「グー」をつくり、5まで数えるよ。

②ゆっくり力をぬき、今度は10まで数えてね。

これを、3回くらいくり返してね。

④つぶやき法

いかりの気持ちは、頭の中のつぶやきで、強くなったり弱くなったりするよ。「バカにして！」「ゆるさない！」といったつぶやきは、いかりの気持ちを強くしてしまうんだ。「だいじょうぶ」「おちつこう」「OK」「気にしない」のようなつぶやきだと、いかりの気持ちがほぐれるよ。

⑤はなれる法

その場をはなれるのも、おすすめの方法だよ。場所がかわると気持ちもかわって、いかりの気持ちもほぐれるんだ。目をとじることで、心だけその場からはなれるという方法もあるよ。

> このほかにも、水やお茶を飲んだり、顔を洗ったりするのも効果があるよ！

2 いかりほぐし作戦を立ててみよう

　自分にぴったりな「いかりほぐし」の方法を考えておくことを、「いかりほぐし作戦」というよ。いかりほぐし作戦を立ててみよう！　自分に合う方法や、やってみたいものの □（チェックボックス）に、チェックマーク ✓ を入れてみよう。ほかの人がいやな気持ちにならないものであれば、自分で考えた方法でも OK だよ。思いついたら書いてみてね。

☐ 6秒カウントダウン

☐ 10秒こきゅう法

☐ リラックス法

☐ つぶやき法

☐ はなれる法

☐ 自分で考えた方法

☐ 水を飲む

☐ 顔を洗う

3 いかりほぐし作戦をやってみよう

次のできごとを思いうかべて、2（33ページ）で選んだ「いかりほぐし作戦」を練習してみよう。

できごと①　体育館でおこなわれた集会で、列にならぼうとしていたら、だれかにおされた。

いかりの温度は何度かな？

どの「いかりほぐし」がぴったりかな？

練習で、ちょっとやってみよう。

できごと②　授業で発表したら、言いまちがいを笑われた。

いかりの温度は何度かな？

2（33ページ）で選んだ「いかりほぐし」作戦を練習してみよう。

いかりをほぐす まとめ

- いかりの気持ちに気づいたら、いかりほぐしの方法をやってみよう！

- いかりほぐしの方法には、「6秒カウントダウン」「10秒こきゅう法」「リラックス法」「つぶやき法」「はなれる法」などがあるよ。ほかの人がいやな気持ちにならないものであれば、自分で思いついた方法を試してみてもOKだよ。

- いかりほぐし作戦を立てて、ふだんから練習してみよう！

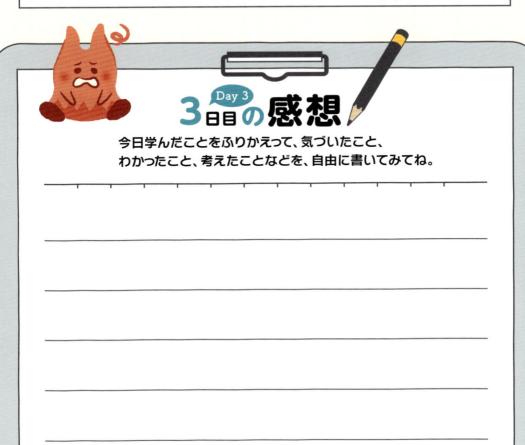

3日目の感想 Day 3

今日学んだことをふりかえって、気づいたこと、わかったこと、考えたことなどを、自由に書いてみてね。

4日目 別の考え方を見つける

Day 4

おこっているときは、相手がわざと悪いことをしたと思いこんだり決めつけてしまいがち。でも、本当はそうではないこともあります。別の考え方に気づけるようになると、けんかなどのトラブルをさけられます。

1 別の考え方に気づく

4日目 Day 4

　おこっているときは、「相手がわざと悪いことをした」と思いこんでしまうことがあるよ。でも、ヨシキさんの例（36ページを見てね）のように、その考えが正しくない場合もあるんだ。「別の考え方」を知ることから始めてみよう。

ヨシキさんは、アキさんが「わざとやったんだ！」と考えて、とてもはらがたちました。

でも、別の考え方があるかもしれないよ。

アキさんは、じつは押されてつまずいたいきおいでヨシキさんにぶつかりました。

温度計に色をぬってみよう。

もしアキさんが押されてつまずいたことを知っていたとしたら、ヨシキさんのいかりの温度は何度くらいでしょう？

2 「本当にそうかな？」と考えてみる

「相手がわざと悪いことをした！」と決めつけず、「本当にそうかな？」と考えることで別のいろいろな考え方に気づくことができると、正しくない考えではらを立てたり、そのせいでけんかをしたりしないですむよ。

ハルカさんがヨシキさんにおはようと言ったのに、返事がありませんでした。

ハルカさんは「無視された！」と考えて、とてもはらが立ちました。でも、本当にそうかな？

「相手がわざと悪いことをした！」と考えてはらが立ったときは、6秒カウントダウン（30ページを見てね）をして、「本当にそうかな？」と考えてみよう。

別の考え方に気づくと、いかりの温度が変わることがあるよ。

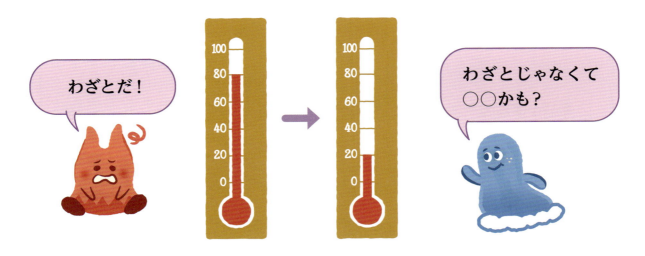

3 別の考え方を見つけてみよう

相手がわざと悪いことをしたと考えてはらが立った場面を思いうかべ、別の考え方を見つけてみよう。

できごと①
友だちにあいさつしたけれど返事がない。

無視された！

でも『本当にそうかな？』

もしかすると、聞こえなかったのかも？

ほかの考え方もあるかな？

もしかするとなにかに集中しているかも？

もしかすると

かも？

できごと②

集中して絵を描いているときに、何度も話しかけてくる。

いやがらせだ！

でも『本当にそうかな？』

もしかすると、ぼくが集中してやっていることに気づいていないのかも？

ほかの考え方もあるかな？

| もしかすると

かも？ |  | もしかすると

かも？ |

できごと③

いっしょに帰る約束をしていた友だちが、先に帰っていた。

わたしのこときらいになったんだ！

でも『本当にそうかな？』

もしかすると

かも？

別の考え方があるかな？
思いつくだけ書いてみよう。

もしかすると

かも？

もしかすると

かも？

別の考え方を見つける まとめ

- いかりを感じているときには、相手がわざと悪いことをしたと思いこんでしまうことがあるよ。
- そんなときは「本当にそうかな？」と考えてみよう。別の考え方に気づくことができるかもしれないよ。
- 考え方が変わると、いかりの温度も変わるよ。

4日目の感想 Day 4

今日学んだことをふりかえって、気づいたこと、わかったこと、考えたことなどを、自由に書いてみてね。

5日目 Day 5
自分の気持ちや考えを伝える

いかりの気持ちに気づいて、ほぐした後に大切なのは、自分の気持ちや考えをどんなふうに伝えるかです。がまんしたり、こうげきしたりしないで、おちついて伝えられるようになりましょう。

5日目 Day 5

1 気持ちや考えの伝え方には3つのタイプがある

自分の気持ちや考えの伝え方には3つのタイプがあるよ。それぞれどんなタイプかな？ くわしく見てみよう。

①ドカーン

ドカーンは、大きな声でどなったり、相手をこうげきしたりするよ。

ときどき、ものを投げたり、人をたたいたりすることもあるよ。

相手はいやな気持ちになるよ。

②ダマール

ダマールは、自分の気持ちや考えをがまんして言わないよ。

おこったり、「いやだな」と感じても、自分の気持ちや考えを伝えたら、きらわれるんじゃないかと思って、がまんしてしまうんだ。

自分はいやな気持ちになるよ。相手にも伝わらないね。

③オダヤカーン

オダヤカーンは、こうげきしたり、がまんしたりしないで、自分の気持ちや考えを人に伝えることができるよ。

相手も自分もいやな思いをしないよ。

2 3つの伝え方のちがい

44ページのようなできごとがあったとき、ドカーン、ダマール、オダヤカーンは、それぞれどんなことをどんなふうに言うだろう？　表情や声の大きさ、言い方はどうかな？　想像してみよう。

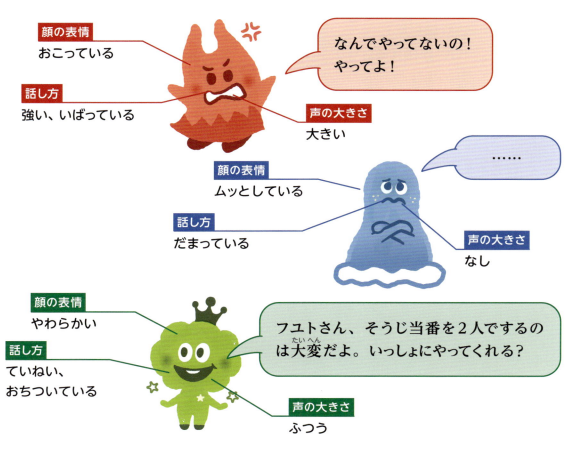

47

3 オダヤカーンの伝え方のポイント

5日目 Day 5

　いかりの気持ちを感じたときに、自分の気持ちや考えをうまく相手に伝えるのはむずかしいよね。そんなとき、オダヤカーンの伝え方を知っておくと役に立つんだ。44ページのマンガを例に、オダヤカーンの伝え方のポイントを紹介するよ。

 何を伝えるか

① 相手の名前をよぶ（○○さん）。
② いかりの気持ちを感じている理由を伝える。
「〜ができなくてこまっているんだ」
「〜だからいやなんだ」
③ どうしてほしいか伝える。
「〜してくれる？」など。

 どんなふうに伝えるか

顔の向き 相手を見る

話し方 おちついている

顔の表情 やわらかい

声の大きさ ふつう

4 オダヤカーンになって自分の気持ちを伝えよう

次のできごとを思いうかべてみよう。そして、オダヤカーンになったつもりで、自分の気持ちや考えを相手に伝えてみよう。

できごと① 貸していた本を友だちがなかなか返してくれない。

① 相手の名前を呼ぶ　　ヨシキ　さん

② いやだと感じている理由を伝える

わたし（ぼく）は

③ どうしてほしいか伝える

オダヤカーンの伝え方 ポイント2 (48ページ) で紹介した「どんなふうに伝えるか」を参考にして、自分で考えた「オダヤカーン」のセリフを言ってみよう。

できごと② やりたくないあそびにしつこくさそわれた。

① 相手の名前を呼ぶ　アキ さん

② いやだと感じている理由を伝える

ぼく（わたし）は

③ どうしてほしいか伝える

オダヤカーンの伝え方 ポイント２（48ページ）で紹介した「どんなふうに伝えるか」を参考にして、自分で考えた「オダヤカーン」のセリフを言ってみよう。

できごと③ 自分の席に座りたいのに、ほかの人が座っている。

① 相手の名前を呼ぶ　ハルカ さん

② いやだと感じている理由を伝える

ぼく（わたし）は

③ どうしてほしいか伝える

オダヤカーンの伝え方 ポイント２（48ページ）で紹介した「どんなふうに伝えるか」を参考にして、自分で考えた「オダヤカーン」のセリフを言ってみよう。

自分の気持ちや考えを伝える まとめ

- ●自分の気持ちや考えを伝える方法には、「ドカーン」「ダマール」「オダヤカーン」の３つのタイプがあるよ。

- ●「オダヤカーン」になると、自分の気持ちや考えをおちついて伝えることができるよ。

- ●「オダヤカーン」の伝え方のポイントをおぼえて、日常生活の中で使ってみよう。

5日目の感想 Day 5

今日学んだことをふりかえって、気づいたこと、わかったこと、考えたことなどを、自由に書いてみてね。

❶ 1日目のマンガのできごとを思い出してみよう。

❷ いかりの気持ちに気づこう。

❸ いかりをほぐそう。

❹「相手がわざとやった」と思ったら、「本当にそうかな？」と考えてみよう。

❺オダヤカーンになって気持ちを伝えよう。

もしかすると、急いでいたのかも？

○○くん、ぶつかっていたかったよ。気をつけてね

もしかすると、本が落ちたことに気づいていなかったのかも？

△△さん、ぼくのノートをふんでいるよ。ふまないでね

もしかすると、自分はやらなくていいと思っているのかも？

□□さん、わたしひとりでは大変だよ。いっしょにやってくれる？

いかりをほぐして、じょうずに気持ちを伝えられたね！

自分の気持ちを表す 気持ち言葉集

　自分のいかりのサインに気づいて、いかりをばくはつさせずに、おちついて自分の気持ちを相手に伝えるためには、自分の気持ちをわかることが大切です。その気持ちを上手に表現(ひょうげん)するために、自分の気持ちを表す「気持ち言葉」をたくさん知っておくとよいでしょう。なお、ここで紹介(しょうかい)したもの以外の「気持ち」や「気持ち言葉」もたくさんあります。

いかり

- 頭にくる
- 頭に血がのぼる
- いかりがこみあげる
- いかりがばくはつする
- いきどおる
- イライラする
- うざい
- おこる
- カチンとくる
- カッとなる
- カンカンになる
- かんしゃくをおこす
- 気むずかしい
- ぎゃくじょうする
- キレる
- くやしい
- げきどする
- はらが立つ
- はらだたしい
- はらわたが煮(に)えくりかえる
- ブチギレる
- 不満(ふまん)がある
- マジギレ
- むかつく
- ムカムカする
- 目くじらを立てる
- むしゃくしゃする
- ムッとする
- モヤモヤする
- 立腹(りっぷく)する

悲しみ

おちこむ	泣きたくなる
がっかりする	なげく
傷つく	ふしあわせ
苦しい	ブルーになる
さみしい	へこむ
ショック	みじめ
しょんぼり	むなしい
せつない	むねがいたい
つらい	やるせない

おどろき

あぜんとする	たまげる
頭が真っ白になる	ドキッとする
あっけにとられる	びっくりする
あわてる	
息が止まる	
かたまる	
ぎょっとする	
こしをぬかす	
ショック	

ドキドキなど、同じ体の感覚の言葉でも、ちがう気持ちのときがあるね

よろこび

ウキウキ	まい上がる
うれしい	満足
面白い	夢中になる
かんげき	胸がいっぱい
最高	胸がおどる
しあわせ	ゆかい
だいすき	よかった
楽しい	ラッキー
ドキドキ	ワクワク

ふあん

おそれ	こわい
おちつかない	ドキドキ
オロオロ	自信がない
気がかり	心配
気が重い	なやむ
気になる	ハラハラ
きんちょうする	ビクビク
心もとない	ヒヤヒヤ
心細い	ものおじする

55

コラム

怒りは必要なの？

　何に怒りを感じるかは人それぞれですが、怒りは自分（の大切なもの）に危険が迫っている・損害が発生したときに生じる感情という共通点があります。怒りは、自分がこのようなよくない状況にいることを気づかせてくれます。

　また、怒りを適切に表現することで相手の気づきが促され、それ以上の危険や損害を防げる可能性も高くなります。このように怒りは、自分や相手への気づきのメッセージとして役立ちます。

　さらに、「義憤(ぎふん)」という言葉に代表されるように、怒りの感情があるからこそ、私たちはルール違反を注意するなど、不正を正す行動をとることができます（デモやストライキもそうですね）。つまり怒りの感情は、私たちの社会生活を維持したり、改善したりすることにも役立っているのです。

感情調節のレパートリーを増やそう

　怒りのような一時的に生じる強い感情を状況に合わせて調節することを「感情調節」といいます。2歳頃までは自分の力で感情調節を行うことは難しく、周囲の大人の働きかけによる調節がほとんどです。しかし、言葉と社会性の発達に伴い、幼児期から児童期にかけて自分の中で感情を調節する力が発達していきます。

　感情調節には、我慢する、感じないようにする方法や、気を逸らしたり、発散する方法、練習帳の3日目で取り上げたいかりをほぐす方法や、4日目の「別の考え方を見つける」方法、問題解決を図ったり、他者に聞いてもらう方法などがあり、子どももさまざまな方法で調節していることがわかっています。

　我慢したり、そのできごとについて考えないようにするといった方法は、その場ではなんとか対処できても、強い身体反応を引き起こしたり、かえって怒りを強めたり、怒りが長引いたりするという研究報告があります。「とにかく我慢する」以外の調節のレパートリーを持っておくことが、心身の健康にとって大切です。

いかりほぐし
練習帳

······································

解説編

子どもと一緒に練習帳に取り組む保護者や学校の先生
に向けた解説です。ねらいや子どもたちへのサポートの
仕方、学校の授業で使える学習指導案も紹介します。

ご家庭や学校での練習帳の使い方

　ご家庭でお使いいただく場合は、子どもと大人で一緒に取り組んでいただくことをおすすめします。学校では、クラス全員で、授業としてお使いいただくことができます。練習帳部分はダウンロードできますので、プリントアウトしていただければ保護者や先生も書き込んだり、クラスの人数分のプリントを準備することができます。練習帳を一緒に読み進めながら、それぞれが書き込み、その後お互いが書いた内容を見せ合ったり、紹介し合ったりして進めていただくとよいでしょう。

　気持ちの感じ方は、人それぞれで、正解はありません。ワークを通して、他の人がどのように感じるのかを知ることで、自分と他の人の感じ方が異なる場合があると気づくことができます。

　まずは、子どもが自分の気持ちに気づき、受け入れ、自分も他の人も尊重して、自分の気持ちや意見を伝えることができるようになることを目指して、この練習帳をご活用ください。

日常生活で活用するためのキーワード

　この練習帳で学んだことの定着を促すため、日々の生活の中で、59ページのキーワードを使って声かけをしたり、練習する機会をつくってみてください。最初は怒りを感じた場面ではなく、子どもがおちついている場面で練習をすることがポイントです。穏やかでいる場面で、キーワードを言われたらすぐに思い出せたり、実行できたりするようになってこそ、怒りを感じた場面で実践できることにつながります。

　練習帳で学んだことを日常生活の中で実際に使えるようになるには時間がかかるので、子どものペースに合わせて、日常生活の中で活用できるよう応援していきましょう。

キーワード1

自分の気持ちを表す言葉
「気持ち言葉」を増やす。

キーワード2

「いかりの温度計」を使って、
怒りの強さをモニターする。

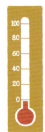

キーワード3

「いかりほぐし作戦」をたてて、
いかりをコントロールする。

キーワード4

「本当にそうかな？」と考える
ことで、別の考え方に気づく。

キーワード5

「オダヤカーン」になって、自分の
気持ちや考えをおちついて伝える。

練習帳の構成

　この練習帳は5つのステップを踏んで、系統的にアンガーマネジメントを学ぶ構成になっています。各回は、導入マンガの後にいくつかのワークがあり、最後にまとめがあります。ここでは、各回のテーマと概要を紹介します。62ページからは、1日ごとの詳しい解説があります。

1日目 Day 1 いろいろな気持ちに気づく

　1日目は、この練習帳の導入として、いろいろな気持ちに注目します。私たちには、喜び、怒り、悲しみなど、いろいろな気持ちがあります。これらの気持ちは、顔の表情に表れますし、いろいろな言葉で表現することができます。

　ワークを通じて、気持ちごとの表情への表れ方を知り、いろいろな気持ちを表す言葉のレパートリーを広げます。また、できごとや気持ちの報告に必要な内容や順序を学びます。

2日目 Day 2 いかりの気持ちに気づく

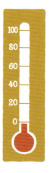 

　2日目から、怒りの気持ちを扱っていきます。怒りの気持ちは、自分に嫌なことが起こっていることを教えてくれる、とても大事な気持ちです。怒りの気持ちは、体がかたくなる、顔が赤くなるなど体に表れます。「いかりの温度計」を使うと、自分の怒りのレベルに気づくことができます。

　ワークを通じて、怒りの気持ちを表す言葉、怒りの気持ちを感じたときの体の変化、怒りにレベルがあることを学びます。

3日目 いかりをほぐす

　3日目は、怒りの気持ちに気づいた次の段階として、怒りの気持ちをほぐすいろいろな方法について学びます。6秒カウントダウン、10秒呼吸法、リラックス法、つぶやき法、はなれる法などを実際に体験して練習します。

　また、腹が立ちそうな場面において、どのいかりほぐしの方法を使ってみるか考えることで、日常生活での活用をめざします。全部ではなく、自分に合う方法を選んで使えるようになるといいですね。

4日目 別の考え方を見つける

　4日目は、怒っているときの考え方に注目します。私たちは、何かトラブルが生じたとき、相手がわざと悪いことをしたと考えて腹を立てることがあります。ですが、その考え方は、正しくないこともあるのです。「本当にそうかな？」と考えてみることで、別の考え方（可能性）に気づくことができます。

　ワークを通じて、別の考え方を見つけ、それによって怒りの温度が変わる場合があることを学びます。

5日目 自分の気持ちや考えを伝える

　5日目は、相手に自分の気持ちや考えをおちついて伝えるためのポイントについて学びます。オダヤカーンというキャラクターを用いることで、伝え方のポイントを思い出しやすくなります。

　これまで学んできた内容を実践した後に、オダヤカーンになって伝えることができると、より効果的なコミュニケーションにつながります。「何を伝えるか」だけでなく、声の大きさ、口調、表情など、「どんなふうに伝えるか」にも注目します。

61

1日目 Day 1 いろいろな気持ちに気づく

1 気持ちと顔の表情とのつながり

ねらい 気持ちを表情で表すことができることに気づく。
ある感情を表す表情には大まかな共通点があることに気づく。

人によって表情の表れ方に違いがありますが、目、眉、口などの顔の部位に注目すると、喜びや悲しみ、怒りなどの気持ちを表す表情には大まかな共通点があることに気づきます。その共通点から、私たちは他の人の表情を読み取って、気持ちを想像することができます。目には見えない相手の気持ちを知るための手がかりとして、顔の部分への表れ方について理解を深めましょう。

2 気持ちを表す言葉

ねらい 気持ち言葉（54ページ参照）、気持ちに関連する語彙を増やす。

楽しみ、喜び、悲しみ、怒り、驚きなど、それぞれの気持ちを表す言葉はたくさんあります。気持ち言葉を多く知っているほど、自分の気持ちに気づいたりうまく説明できるようになるので、子どもの気持ち言葉をどんどん豊かにしていきましょう。日常生活の中で、周囲の大人が意識してさまざまな気持ち言葉を使って話し、たくさんの語彙に触れてもらうことも役立ちます。

サポート

- 擬音語や擬態語（プンプン、ウキウキ、ソワソワなど）でもよい。
- 言葉が思い浮かばない子どもの場合は、17ページの「気持ち言葉の例」や54ページの「気持ち言葉集」を参照。
- 他にも思いつく言葉を余白に自由に記入してもよい。

③ できごとと気持ち

ねらい 気持ちができごとに影響されることに気づく。

あるできごとが起こった場合に、自分がどのような気持ちになるのかを想像してもらい、さまざまなできごとによって感じる気持ちの違いに気づいてもらうためのワークです。できごとについてどのように感じるかは、子どもによって違います。他の人と書いた内容を共有することで、他の人との感じ方の違いへの気づきを促しましょう。気持ちに合った表情をつくってもらうことで、①で学んだ気持ちと表情のつながりを思い出し、また気持ち言葉を書くことで、②の学びとつなげます。

サポート

- 「経験したことがないので分からない」という場合には、想像して答えられるように促したり、インターネットで類似した画像や写真を探して、想像するための手がかりにしてもらうのもよい。

④ 最近のできごと

ねらい できごとと気持ちを他の人に伝えるため、伝える内容と順番を知る。

子どもたちは、学校や家で起こったできごとをどの程度わかりやすく順序立てて話せますか？ 相手が理解できるように伝えるためには、できごとを説明するための基本的な内容と順番を理解することが大切です。いつ、どこで、だれと、何が起きて、どんなふうに感じたのか、という必要なポイントを押さえて書いて、話してもらう練習をしていきましょう。怒りを感じたときのできごとは思い出すことが難しい場合もあるので、その場合はまず、楽しさを感じたできごとを書いて話すことから練習しましょう。

サポート

- 「書くできごとがない」「覚えていない」というような場合には、保護者や先生と一緒に行ったことをピックアップして、枠組みに合わせて一緒に思い出しながら書いてもよい。

いかりの気持ちに気づく
2日目 Day 2

① いかりの気持ちを表す「いかり言葉」

 怒りを表現するいろいろな言葉を知る。

怒りの感情を適切に表現するためには、怒りを表すさまざまな言葉を知っていることが大切です。ここで、怒りを表す言葉がいろいろあることを学ぶとともに、日常生活でも、怒りを表現する言葉について、折に触れて話題にできるといいでしょう。

 サポート
- いくつ選んでもよい。
- 擬態語（カリカリ、プリプリ）や造語（激おこ等）でもよい。
- 他に思いつく言葉があれば、（　）に記入する。

② いかりを感じているときの体の変化

 怒りの感情と体（身体感覚）の変化のつながりに気づく。

何らかの感情（怒りを含む）が生じているときには、体（身体感覚）も変化が起こります。自分の体の変化に気づけると自分の怒りの感情にも気づくことができ、怒りの適切な表現につなげることができます。ここで、怒りを感じているときには体にも変化が起こるということを学んでいきましょう。

サポート
- 最近あった事例を一緒に思い出したり、（難しい場合には）大人側の事例を示す。
- 色は何色でもよい。塗る際、体のイラストの外にはみ出てもよい。
- 他に思いつく体の変化があれば、余白に記入する。

いかりの温度計

ねらい 怒りの感情の強さの違いを温度になぞらえて考えられるようになる。怒りの強さ（温度）と表情や言葉を対応できるようになる。

サポート
- 顔の表情といかり言葉は、自分で考えたものを書き込んでもよい。
- いかり言葉と温度の対応の感覚には個人差がある。どの言葉の方が温度が高いという正解はないので、本人の感じ方を尊重する。

怒りを温度になぞらえると、怒りの感情の強さを捉えやすくなります。怒りの温度と表情、いかり言葉の対応関係を考えてみましょう。❷の変化に注目すると、いかりの温度に気づきやすくなります。

 ## できごとといかりの温度

ねらい できごとによって怒りの強さ（温度）が違うことに気づく。

サポート
- 温度は0度（腹が立たない）でも、100度を超してもよい。
- 子どもの温度の高さを否定したり注意したりしない。

できごとによって、生じる怒りの感情の強さは異なります。怒りの温度計を使って、具体的な場面での自分の怒りの感情の強さに気づく練習をしてみましょう。

 ## いかりを感じたできごと

ねらい 子ども自身の経験した怒りの場面で、いつ・どこで・何が起こった・その時の怒りの温度・気持ちをふりかえる。

サポート
- 思い出しにくい場合は、サポートする大人が覚えているできごとなどでもよい。

子ども自身が怒りを感じた最近のできごとについて、温度計などを使ってふりかえります。26ページを、日常生活での怒りを感じたできごとのふりかえりにも使ってみましょう。

3日目 Day 3　いかりをほぐす

① いかりをほぐす方法

ねらい　怒りをほぐす方法を知る。
怒りを感じたときに怒りをほぐす方法を実践できるようになる。

> **サポート**
> - いずれの方法も、"2日目"の怒りを感じたできごとを改めて話題に出すなどして、怒りがある前提で取り組む。
> - いずれの方法も合う・合わないがあるので、子どもが好む方法を重点的に練習する。

　怒りは大切な感情なので、ゼロにする必要はありません。しかし、強すぎる怒りは、暴言や暴力につながりかねません。強い怒りを自分である程度やわらげることができると、適切に表現できるようになります。そのための方法として、いくつか体験してみましょう。

- ６秒カウントダウン……子どもの好きなペースで、また、６以外の数字で始めてもよい。
最初は声に出して数えてもよい。
- 10秒呼吸法……息を吸う（または吐く）量は８割程度でよい。
最初はサポートする大人が声に出して数えるペースに合わせる形で行う。
- リラックス法……肩・手以外に力が入らないように声かけをする。
肩・手の感覚を感じるように声かけをする。
- つぶやき法……まず、どういったつぶやきがよいか、一緒に考えてみる。
最初は声に出して数えてもよい。
- はなれる法……練習として、実際にこの場から少し離れたり、目を閉じたりさせてみる。

いかりほぐし作戦を立ててみよう

ねらい 自分に合ったいかりほぐしの方法を考える。

 サポート
- ①と同じく、"2日目"の怒りを感じたできごとなど、具体的な場面を想定して取り組む。

①で練習したいかりをほぐす方法について、どの方法が自分に合うか、または他の方法があるかを考えることで、実際の場面で実行できるようにします。①の学びを実践につなぐステップです。

周囲に迷惑をかけるものではないことを前提に、いかりをほぐす方法で挙げたもの以外にも、自分なりに怒りをやわらげる方法があるか一緒に考えてみます。その際、サポートする大人の方法を例に挙げてもよいでしょう。

いかりほぐし作戦をやってみよう

ねらい 実際に怒りを感じる場面で、自分で怒りをやわらげられるようにする。

サポート
- 34ページの事例以外のできごとで考えてもよい。
- 復習を兼ねて、日常生活でも折に触れて話題にしたり、リハーサルをしてもよい。

具体的な場面をもとに、怒りの強さ（温度）やいかりほぐし作戦を考えることで、実際の場面のリハーサルを行います。その場面が子どもの実感に沿っていればいるほど、また、リハーサルの回数が多いほど、いかりほぐし作戦をいろいろな場面で実践できるようになります。家庭でも折に触れて話題にしたり、子どもが実践していたときには、ほめたり認めたりする声かけをしてください。

67

4日目 Day 4 別の考え方を見つける

1 別の考え方に気づく

ねらい 怒りの気持ちと、そのときの考えには関係があることを理解する。

怒りの気持ちを感じた時には、どんな考えが浮かんでいるでしょうか？　わたしたちは怒りを感じているとき、相手が「わざと悪いことをした」と考えてしまいがちです。でも、他に理由や事情があったことがわかれば、怒りの温度は低くなるかもしれません。このワークを通して、怒りの気持ちとそのときの考えには関係があることを理解します。

2 「本当にそうかな？」と考えてみる

ねらい 別の見方、考え方があることを理解する。

怒りを感じているときに最初に頭に浮かんだ考えは、正しくないこともあります。絶対にそれが正しいと決めつけるのではなく、別の考え方（可能性）に気づくことができると、落ち着いて気持ちを伝えやすくなります。ここでは、「本当にそうかな？」と考えてみることで、別の考え方に気づくことを学びます。最近のできごとで同じようなことはなかったか、一緒に考えてみてください。

サポート
- 別の考え方（「わざとじゃなかった」など）をしても、怒りの温度が下がらないこともある。
- 大事なのは、複数の可能性に気づくことができることなので、怒りの温度の低下にはこだわらなくてよい。

別の考え方を見つけてみよう

ねらい 「本当にそうかな？」と考えてみることで、別の考え方を見つける。

サポート
- 子どもが別の考え方を見つけることが難しい場合は、前のページを参考にするように促したり、サポートする大人がアイデアをいくつか出してそれを選んでもらってもよい。

先ほどの学びを実践につなげるステップです。実際に「本当にそうかな？」と考えるワークを通して、別の考え方を見つける練習をしてみましょう。

●できごと①「別の考え方」の例：
・聞こえなかったのかも？
・急いでいたから気づかなかったのかも？
・しゃべらないゲームをしているのかも？
・元気がないのかも？

●できごと②「別の考え方」の例：
・どうしても急ぎで話すことがあるのかも？
・うれしいことがあったのかも？
・わたしと話すのが楽しいのかも？
・わたしが集中していることに気づいていないのかも？

●できごと③「別の考え方」の例：
・うっかり忘れちゃったのかも？
・おなかがいたくなったのかも？
・約束した日をまちがえたのかも？
・わたしを見つけられなかったのかも？

5日目 Day 5 自分の気持ちや考えを伝える

① 気持ちや考えの伝え方には3つのタイプがある

ねらい
・自分の気持ちの伝え方には3つのタイプがあることを理解する。

　自分の気持ちの伝え方について、攻撃的な言い方をするタイプ、逆に言いたいことを言えずに我慢するタイプ、自分も相手も尊重して穏やかに伝えるタイプに分けて示しています。キャラクターのイメージを通して、伝え方にもタイプがあることを理解し、自分がどんな伝え方のタイプを取りがちなのかを考えてみましょう。

② 3つの伝え方のちがい

ねらい
3つの伝え方のタイプの違いを理解する。

　①で学んだ3つの伝え方のタイプについて、セリフや言い方の違いに気づいてもらいます。サポートする大人は3つのタイプを実演し、どんな違いがあるか子どもと話し合ってみてください。

サポート
● 子どもに実演してもらう場合は、オダヤカーンのみとする（ドカーン、ダマールの伝え方を身につけてほしいわけではないため）。

オダヤカーンの伝え方のポイント

ねらい オダヤカーン伝え方のポイントを理解する。

サポート

● オダヤカーンのセリフを、たとえば相手の目を見ないで大きな声で言うなどしてみると、非言語的な側面の重要性がわかりやすい。

オダヤカーンの伝え方のポイントには、何を伝えるかという言語的な側面と、どんなふうに伝えるかという非言語的な側面の2つがあります。ここでは、各側面について、具体的な方法を学びます。

2つのポイントを意識しながら、オダヤカーンのセリフを子どもと言い合ってみてください。

 ## オダヤカーンになって自分の気持ちを伝えよう

ねらい オダヤカーンの伝え方を身につける。

サポート

● オダヤカーンのセリフが思いつかない場合は、サポートする大人がアイデアをいくつか出して、その中から選んでもらってもよい。

③で学んだオダヤカーンの伝え方のポイントに気をつけて、自分で何を伝えるのかを考え、その上でどんなふうに伝えるかについても気をつけて実践します。

● できごと①「伝え方」の例：1ヨシキさん、2わたしは、貸している本をまた読みたいんだ。3そろそろ返してもらえるかな？

● できごと②「伝え方」の例：1アキさん、2ぼくはそのあそびが苦手なんだ。ごめんね。3別のあそびをするときに、また誘ってね。

● できごと③「伝え方」の例：1ハルカさん、2ぼくは座れなくて困っているよ。3他の席に移動してもらえるかな？

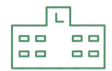

練習帳を用いた学校での授業の進め方

　本書を活用して、クラスで授業を行うことができます。授業として行う場合には、すべての児童が参加しやすくなるよう工夫をしながら、他の人の意見を聞いたり、取り入れたりする機会を設けることが大切です。授業の際のルールを具体的に決め、毎回の授業のはじめに確認することも重要です。配慮が必要な児童がいる場合には、サポートしやすい座席配置や班構成を事前に行ってください。

　新しい行動スキルを教える際には、教示、モデリング、リハーサル、フィードバックの4つのステップが重要とされています。4つのステップを意識してワークを行ってください。

1．ルールの確認
　毎回の授業の冒頭で確認し、見えるところに掲示しておきます。
　例）　正しい答え・間違った答えはないこと
　　　　人それぞれ意見が違ってよいこと
　　　　他の人の意見も大切にすること（最後まで聞く、否定しない、からかわない）

2．目標と課題内容の教示
　各授業の目標、ワークごとの内容を具体的に説明します。口頭での説明に加え、板書、スライド等で学ぶ内容を視覚的に提示することも大切です。2日目以降は、1日目で学んだことと関連付けられるようにするため、1日目の学習内容についての振り返りを冒頭に行ってください。

3．モデルの呈示（モデリング）
　練習帳にある例を提示して、児童が取り組むことのモデルを示します。ワークの教示だけでなく、モデルを示すことにより、取り組むことの内容が明確になり、児童が安心して実施できることにつながります。回答例のような提示もありますし、4・5日目では、冒頭のエピソードがモデルの役割を担っています。

4．ワーク・ロールプレイ（リハーサル）
　モデルを参考にして、実際に児童にワークに取り組んでもらいます。練習帳に書き込むものや、体を使ったエクササイズ、ペアでのロールプレイなどがあります。

5. シェアリングとフィードバック

　取り組んだ内容を全員で共有します。数名の児童に発表してもらう場合と、すべての児童の参加を促す方法で行う場合とがあります。後者では、回答の選択肢を提示し、児童に自分の考えと同じものに挙手をしてもらう、タブレット等で回答を一斉に表示する、などがあります。

　また、児童が取り組んだことに対して、具体的にフィードバックをします。正解はありませんので、どの意見も否定しません。ワークに自分なりのやり方で取り組んだこと、いろいろなバリエーションの回答が出てきたこと、などについて、肯定的なフィードバックをします。児童の意見を否定したり、行ったことが間違いだと指摘するのは、適切なフィードバックではありません。

　想定される回答と異なる回答が出てきたときのフィードバックのポイントは、回答の内容ではなく、取り組みと、発表したことへの肯定的なフィードバックを与えることです。「そうですね」よりも、「なるほど」「そういう考え方もあるね」「おもしろい考え方だね」「想像がふくらむね」といったフィードバックがお勧めです。そのうえで、「このような考え方もあるよ」などと、他の視点を提供する声かけをするとよいでしょう。

授業実施の際の工夫点

教室環境に関わること

- ●ワークをしやすい座席配置にする（配慮の必要な児童に教師が近づきやすいように）。
- ●スケジュールを示して、見通しを持たせる。
- ●授業中のクラスの決まりごとを具体的な行動で書き、見えるところに掲示する。

教示に関わること

- ●口頭だけでなく、板書、スライドなど、視覚的な情報を用いる。
- ●特定の児童の発言のみで授業が進行してしまわないよう、全員が反応できる発問やワークを折々に挟む（挙手で反応させる、体を動かすなど）。
- ●ペアワークの場合、時にはペアを変えてみる（隣同士で行った後は、前後など）。
- ●ワークをしている間、教室を巡視する。
- ●つまずいている児童へのサポートをする（62〜71ページの解説参照）。

フィードバックに関わること

- ●授業への参加に困難のある児童については、参加しやすくなるよう、授業開始前に声かけをする。
- ●不適切な行動に対しては、適切な行動が何かを具体的に伝える。
- ●クラスの中で適切に行動できている児童に注目することで、適切な行動のモデルを示す。

学習指導案

1日目
Day 1

いろいろな気持ちに気づく（練習帳12〜19ページ）

○本時の目標
- 感情と表情のつながりに気づく。
- いろいろな感情がとそれらを表す言葉があることを知る。
- 自分の感情に注目する。

○本時の展開

	学習活動と内容	ねらい
導入（5分）	1. いかりほぐし練習帳について説明する（1分） 2. 授業でのルールを確認する（1分） （例）・正しい答え・間違った答えはない、思ったとおりでよい。 ・他の人の意見も大切にする（最後まで聞く、否定しない、からかわない）。 3. 導入漫画を読む（3分） 本時の目標を確認する。 「今日はまずいろいろな気持ちについて知ろう」。	● これからの学習の見通しをもたせる。 ● 自他を尊重し、安心して授業に参加できる環境をつくる。 ● 本時の学習の見通しをもたせ、モチベーションを高める。
展開（35分）	❶ 気持ちと顔の表情とのつながり（10分） ● 表情イラストに気持ちを書き込む（個人ワーク→全体シェアリング）。 ● 気持ち（うれしい、悲しいなど）を想像して表情をつくる（ペアワーク）。 ● 表情の特徴の整理（全体）。 選択肢を設けて挙手させるなど（例：口は「開いている」「閉じている」など）。板書して整理する。 ❷ 気持ちを表す言葉（10分） ● 気持ちのカテゴリーごとに、気持ちを表す言葉を書き込む（個人ワーク→全体シェアリング）。 ※他の人の言葉で良いなと思うものがあったら、自分のワークブックに書き足すように伝える。 ❸ できごとと気持ち（5分） ● できごとを思い浮かべて、表情をつくる（ペアワーク）。 ● 気持ちを表す言葉を書き込む（個人ワーク→全体シェアリング）。 ❹ 最近のできごと（10分） ● いかりと楽しさを感じた最近のできごとについて、それぞれ書き込む（個人ワーク→全体シェアリング）。	● 気持ちを表情で表すことができることに気づく。 ● ある感情を表す表情には大まかな共通点があることに気づく。 ● 楽しみ・喜び・悲しみ・怒り・おどろきに関連する語彙を増やす。 ● 気持ちができごとに影響されること、同じできごとでも人によって感じる気持ちが違うことに気づく。 ● できごとを整理するための枠組み（フレームワーク）を身につける。
終末（5分）	1. まとめ（2分） 2. 今日の感想（3分） ● 感想を記入させる。	● 本時のポイントを振り返る。

2日目 Day 2
いかりの気持ちに気づく（練習帳20～27ページ）

○本時の目標
- 怒りの感情に関する語彙を広げる。
- 怒りの感情が起こったときの体の変化に気づく。
- 怒りの強さにレベルがあることを知る。

○本時の展開

	学習活動と内容	ねらい
導入(5分)	1. 授業のルールを確認する(1分) 2. 前回学んだことを確認する(1分) 3. 導入漫画を読む(3分) 　本時の目標を確認する。 　「今日はいかりの気持ちについて考えてみよう」。	● 自他を尊重し、安心して授業に参加できる環境をつくる。 ● 感情は表情や言葉で表すことができること、気持ちや感じ方は人それぞれであることを振り返る。 ● 本時の学習の見通しをもたせ、モチベーションを高める。 ● 怒りを感じること自体は自然なことで、ポジティブな側面もあること、上手に付き合うことが大事であることを理解する。
展開(35分)	❶ いかりの気持ちを表す「いかり言葉」(5分) ● 感じたことがあるいかり言葉を選ぶ(個人ワーク→全体シェアリング)。 ❷ いかりを感じているときの体の変化(10分) ● 怒りを感じているときの体の様子に当てはまる言葉に○をつける(個人ワーク)。 ● 怒りを感じているときの身体の様子を色で示す(個人ワーク→全体シェアリング)。 ❸ いかりの温度計(5分) ● いかりの温度にいかりの表情といかり言葉を対応させる(個人ワーク→全体シェアリング)。 　※温度計ポスターの横に、マグネットシートでいかり言葉を貼っていくとわかりやすい。 　※その他の言葉を追加してもよい。 ❹ できごとと怒りの温度(5分) ● できごとを思い浮かべて、いかりの温度計に色を塗る(個人ワーク→全体シェアリング)。 ❺ いかりを感じたできごと(10分) ● いかりを感じたできごとを書き込む(個人ワーク)。	● 怒りを表現する語彙を増やす。 ● 怒りを感じているときには体にもサインが出ていることを知る。 ● 自分自身の体にどんな変化が起きているかに気づく。 ● 怒りの感情の強さを温度計になぞらえて考えられるようになる。 ● 弱い怒りから強い怒りまでいろいろなレベルを表現する言葉があることを理解する。 ● できごとによって怒りの感情の強さが違うことに気づく。 ● 1日目の❹で学んだ、できごとを整理するための枠組み(フレームワーク)を使って、怒りを感じたできごとを振り返ってみる。
終末(5分)	1. まとめ(2分) 2. 今日の感想(3分) ● 感想を記入させる。	● 本時のポイントを振り返る。

75

3日目 Day 3

いかりをほぐす（練習帳28〜35ページ）

○ **本時の目標**
- 怒りをほぐす方法を知る。
- 怒りを感じたときに怒りをほぐす方法を実践できるようにする。

○ **本時の展開**

	学習活動と内容	ねらい
導入（5分）	1. 授業のルールを確認する（1分） 2. 前回学んだことを確認する（1分） 3. 導入漫画を読む（3分） 　本時の目標を確認する。 　「今日はいかりをほぐす方法について考えてみよう」。	● 自他を尊重し、安心して授業に参加できる環境をつくる。 ● 怒りは自分に嫌なことが起こっていることを教えてくれる大事な気持ちであること、怒りを感じると体の感じも変化すること、怒りには程度（温度）があることなどを振り返る。 ● 本時の学習の見通しをもたせ、モチベーションを高める。 ● いかりの気持ちをほぐすことの重要性を理解する。
展開（35分）	❶ いかりをほぐす方法（20分） ●【6秒カウントダウン】　説明後、1回実践 ●【10秒呼吸法】　説明後、2〜3回実践 ●【リラックス法】　説明後、肩・手2回ずつ実践 ●【つぶやき法】　説明後、1回実践 ●【はなれる法】　説明後、デモンストレーション ❷ いかりほぐし作戦を立ててみよう（5分） ● 場面ごとに、怒りの温度と怒りをほぐす方法を考える（個人ワーク→全体シェアリング）。 　※その他の自分で考えた方法もシェアリングするとよい。 ❸ いかりほぐし作戦をやってみよう（10分） ● 場面を想像しながら、それぞれが自分で選んだ方法をやってみる（全体）。	● さまざまないかりをほぐす方法を知る。 ● いかりほぐし作戦の方法を実際に実行できるよう、自分に合う方法を選ぶ。 ● 具体的なできごとを通じて、自分で怒りをほぐせるように練習する。
終末（5分）	1. まとめ（2分） 2. 今日の感想（3分） ● 感想を記入させる。	● 本時のポイントを振り返る。

別の考え方を見つける（練習帳36～43ページ）

○本時の目標
- 怒っているときの考えに注目する。
- 別の考え方があることに気づく。
- ものごとの考え方と怒りの程度の関係に気づく。

○本時の展開

	学習活動と内容	ねらい
導入 (5分)	1. 授業のルールを確認する(1分) 2. 前回学んだことを確認する(1分) 3. 導入漫画を読む(3分) 本時の目標を確認する。 「今日はいかりの気持ちを感じているときの考え方に注目してみよう」。	● 自他を尊重し、安心して授業に参加できる環境をつくる。 ● いかりをほぐすいろいろな方法について振り返る。 ● 本時の学習の見通しをもたせ、モチベーションを高める。 ● 怒りを感じているときには、相手がわざと悪いことをしたと考えていることがあるが、それは必ずしも正しくないことを知る。
展開 (35分)	❶ 別の考え方に気づく(10分) ● マンガのできごとの別の見方を紹介し、それに気づいたときの怒りの温度を考えて温度計に色を塗る(個人ワーク→全体シェアリング)。 ❷「本当にそうかな？」と考えてみる(10分) ● 他のできごとを例に、別の考え方に気づくことで、感じる怒りの温度が異なることを紹介する。 　※できごとのロールプレイを行って見せるとよい。 ● 他にも別の考え方がありそうか考えてみる(全体)。 ❸ 別の考え方を見つけてみよう(15分) ● 相手がわざと悪いことをしたと思って腹が立った場面を思い浮かべ、別の考え方を探してみる(個人ワーク→全体シェアリング)。 　※たくさん思いついた人は、余白に書いてもよい。 　※別の考え方が浮かばない場合は、他の人の発表を聞いて書き込むように伝える。 　※69ページの例を提示してもよい。	● 怒りの気持ちと、そのときの考え方には関係があることに気づく。 ● 怒りを感じているときには、相手がわざと悪いことをしたと考えがちなことを知る。 ● できごとには、別の見方、考え方があることに気づく。 ●「本当にそうかな？」と考えてみることで、他の考えに気づく。 ● 具体的なできごとを用いて、「本当にそうかな？」と考えてみることで、別の考え方を見つける。
終末 (5分)	1. まとめ(2分) 2. 今日の感想(3分) ● 感想を記入させる。	● 本時のポイントを振り返る。

5日目 Day 5

自分の気持ちや考えを伝える（練習帳44〜51ページ）

○本時の目標
- コミュニケーションにはいくつかのタイプがあることを知る。
- アサーティブな伝え方のポイントを知り、実践する。

○本時の展開

	学習活動と内容	ねらい
導入（5分）	1. 授業のルールを確認する（1分） 2. 前回学んだことを確認する（1分） 3. 導入マンガを読む（3分） 　本時の目標を確認する。 　「今日はいかりの気持ちを上手に伝える方法について考えてみよう」。	・自他を尊重し、安心して授業に参加できる環境をつくる。 ・いかりを感じているときの考え方について振り返る。 ・本時の学習の見通しをもたせ、モチベーションを高める。 ・気持ちや考えを落ち着いて相手に伝えることが大切であることを知る。
展開（35分）	❶気持ちや考えの伝え方には3つのタイプがある（5分） ・ドカーン、ダマール、オダヤカーンについて解説する（全体）。 ❷3つの伝え方のちがい（5分） ・ドカーン、ダマール、オダヤカーンの伝え方を教師が実演する。 ・それぞれの顔の表情、話し方、声の強さはどうだったか考える（全体）。 ❸オダヤカーンの伝え方のポイント（10分） ・オダヤカーンの伝え方のポイントを解説する（全体）。 ・オダヤカーンの伝え方のロールプレイをする（全体）。 ❹オダヤカーンになって自分の気持ちを伝えよう（15分） ・「オダヤカーン」のセリフを考えて書き込む（個人ワーク）。 　※思いつかない場合は、板書のセリフを書き写してよいと伝える。 ・「オダヤカーン」の伝え方のロールプレイをする（ペアワーク）	・気持ちや考えの伝え方には3つのタイプがあることを知る。 ・3つのタイプの違いに気づく。 ・アサーティブ・コミュニケーションとしての、オダヤカーンの伝え方のポイントを理解する。 ・伝える内容（セリフ）だけでなく、どんなふうに伝えるか（非言語的な側面）にも注目する。 ・オダヤカーンの伝え方の練習をする。
終末（5分）	1. まとめ（2分） 　※52〜53ページのふりかえりマンガも読む（全体） 2. 今日の感想（3分） ・感想を記入させる。	・本時のポイントを振り返る。 ・5日間の内容を振り返る。

おわりに

　怒りは誰もが持つ自然な感情ですが、その扱い方を誤ると、人間関係のトラブルにつながったり、ストレスを抱える原因となることがあります。私たちは、子どもたちが日常生活の中で自分の気持ちや怒りの感情と向き合い、適切に表現することの重要性を感じ、研究と実践を行ってきました。その中で、東京書籍さんとのご縁があり、これまでの研究と実践の成果をより多くの方々に役立てていただけるよう本書を執筆することになりました。

　本書の制作にいたるまでに、多くの方々との出会いがありました。一般社団法人アンガーマネジメントジャパンの佐藤恵子様、山村容子様とのご縁が、『いかりやわらかレッスン』という小学生向けアンガーマネジメントのワークブックの共同制作につながり、その実践を通じて多くの学びを得ることができました。また、全国のさまざまな小学校の先生方や保護者の皆様、そして実際にアンガーマネジメントに取り組んでくれた子どもたちの貴重な意見が、本書の内容をより充実したものにしてくれました。

　本書は、これまでの実践経験や研究知見をもとに、小学生に向けて、怒りと上手に付き合うための具体的な方法をわかりやすくまとめています。怒りを無理に抑え込むのではなく、自分自身の気持ちを大切にしながら、より良い方法で表現する力を身につけてほしいと願っています。この練習帳が、子どもたちが安心して怒りを受け入れ、より豊かな人間関係を築くための一助となれば幸いです。

　最後に、子どもたちが取り組みやすいデザインにしてくださった長谷川理さん、素敵なイラストで彩ってくださったワキサカコウジさん、私たちのペースを尊重しながら丁寧に編集作業を進めてくださった東京書籍の金井亜由美さんに心より御礼申し上げます。

2025年3月　著者一同

著者紹介

稲田尚子（いなだ　なおこ）
大正大学臨床心理学部臨床心理学科 准教授（心理学博士）
公認心理師、臨床心理士、臨床発達心理士、認定行動分析士

寺坂明子（てらさか　あきこ）
大阪教育大学総合教育系教育心理科学部門 准教授（心理学博士）
公認心理師、臨床心理士

下田芳幸（しもだ　よしゆき）
佐賀大学大学院学校教育学研究科 教授（心理学博士）
公認心理師、臨床心理士

いかりをほぐそう
子どものためのアンガーマネジメント
2025年4月24日 第1刷発行

著　者	稲田尚子、寺坂明子、下田芳幸
デザイン	長谷川理
イラスト	ワキサカコウジ
編　集	金井亜由美

発行者　渡辺能理夫
発行所　東京書籍株式会社　〒114-8524 東京都北区堀船2-17-1
　　　　電話 03-5390-7531（営業）／03-5390-7512（編集）
　　　　https://www.tokyo-shoseki.co.jp
印刷・製本　TOPPANクロレ株式会社

ISBN978-4-487-81724-5　C0037　NDC376
copyright ©2025 by INADA Naoko, TERASAKA Akiko, SHIMODA Yoshiyuki,
All rights reserved. Printed in Japan

乱丁・落丁の場合はお取り替えさせていただきます。
定価はカバーに表示してあります。
本書の無断転載は固くお断りします。